한글 따라쓰기 완성

이 책에는 이런 내용이 담겨 있대.
우리도 이 책으로 공부해 볼까?

- 자음자에 대해 알아보고 순서대로 쓰기 2
- 자음자의 이름 쓰면서 정확히 익히기 4
- 모음자(이중 모음자 포함)에 대해 알아보고 순서대로 쓰기 5
- 자음자와 모음자를 합해 글자 만들고 낱말 쓰기 6
- < 모양, ∧ 모양, ◇ 모양 글자 살펴보고, 그런 글자가 든 낱말 쓰기 12
- 받침 없는 글자에 자음자를 합해 글자 만들고 낱말 쓰기 18
- 동시 감상하고 써 보기 22 64
- 세계 여러 나라 이름과 국기 24
- 〈ㅑ〉와 〈ㅕ〉, 〈ㅛ〉와 〈ㅠ〉, 〈ㅘ〉와 〈ㅝ〉와 〈ㅢ〉, 〈ㅔ〉와 〈ㅖ〉, 〈ㅙ〉와 〈ㅞ〉 소리 비교하고 낱말 쓰기 26
- 일기에 대해 알아보고 쓰기 32
- 날씨를 나타내는 말 33
- 자음자 ㄲ, ㄸ, ㅃ, ㅆ, ㅉ 모양 살펴보고 낱말 쓰기 34
- 이중 자음자 받침 살펴보고 낱말 쓰기 36
- ㄱ · ㅋ, ㄴ · ㄷ · ㅌ, ㅁ · ㅂ · ㅍ 소리 비교하고 낱말 쓰기 38
- 모양이 비슷하지만 뜻이 다른 말 41
- 이런 인사, 저런 인사 42
- 칭찬하는 글 짓기 43
- 우리 몸과 관계된 낱말과 문장 44
- 사물을 꾸미는 말, 여러 가지 악기 48 49
- 여러 가지 기분 좋은 말 50
- 색깔과 관계있는 낱말 52
- 소개하는 글 53
- 소리와 글자가 다른 낱말 54
- 짧은 문장 짓기 56
- 낱말과 낱말을 모아 만든 낱말 58
- 재미있는 전래 동화 60
- 직업과 관계있는 낱말 61
- 따옴표의 쓰임 알기 63

도서출판 학은미디어

자음자의 이름을 알고, 순서에 맞게 써 보세요.

ㄱ	ㄴ	ㄷ	ㄹ	ㅁ	ㅂ	ㅅ
기역	니은	디귿	리을	미음	비읍	시옷
ㄱ	ㄴ	ㄷ	ㄹ	ㅁ	ㅂ	ㅅ
ㄱ	ㄴ	ㄷ	ㄹ	ㅁ	ㅂ	ㅅ
ㄱ	ㄴ	ㄷ	ㄹ	ㅁ	ㅂ	ㅅ
ㄱ	ㄴ	ㄷ	ㄹ	ㅁ	ㅂ	ㅅ

ㅇ	ㅈ	ㅊ	ㅋ	ㅌ	ㅍ	ㅎ
이응	지읒	치읓	키읔	티읕	피읖	히읗

자음자의 이름을 바르게 쓰면서 정확히 익히세요.

ㄱ	ㄴ	ㄷ	ㄹ
기역	니은	디귿	리을

ㅁ	ㅂ	ㅅ	ㅇ	ㅈ
미음	비읍	시옷	이응	지읒

ㅊ	ㅋ	ㅌ	ㅍ	ㅎ
치읓	키읔	티읕	피읖	히읗

*자음자의 이름은 특히 받침이 헷갈리기 쉬워요. 받침을 정확히 익히도록 꼼꼼히 짚어 주세요.

 모음자의 이름을 알고, 순서에 맞게 써 보세요.

ㅏ	ㅑ	ㅓ	ㅕ	ㅗ	ㅛ	ㅜ	ㅠ	ㅡ	ㅣ
아	야	어	여	오	요	우	유	으	이

*이중 모음자 ㅑ, ㅕ, ㅛ, ㅠ는 특히 주의해서 쓰게 이끌어 주세요.

자음자와 모음자를 합해 글자를 만들고, 바르게 써 보세요.

모음자 / 자음자	ㅏ	ㅑ	ㅓ	ㅕ	ㅗ	ㅛ	ㅜ	ㅠ	ㅡ	ㅣ
ㄱ	가	갸	거	겨	고	교	구	규	그	기
	가	갸	거	겨	고	교	구	규	그	기
	가	갸	거	겨	고	교	구	규	그	기
ㄴ	나	냐	너	녀	노	뇨	누	뉴	느	니
	나	냐	너	녀	노	뇨	누	뉴	느	니
	나	냐	너	녀	노	뇨	누	뉴	느	니
ㄷ	다	댜	더	뎌	도	됴	두	듀	드	디
	다	댜	더	뎌	도	됴	두	듀	드	디
	다	댜	더	뎌	도	됴	두	듀	드	디

*글자의 구성 원리를 깨달을 수 있도록 한 자 한 자 잘 살펴보게 하세요.

자음자와 모음자를 합해 글자를 만들고, 바르게 써 보세요.

모음자 / 자음자	ㅏ	ㅑ	ㅓ	ㅕ	ㅗ	ㅛ	ㅜ	ㅠ	ㅡ	ㅣ
ㄹ	라	랴	러	려	로	료	루	류	르	리
	라	랴	러	려	로	료	루	류	르	리
ㅁ	마	먀	머	며	모	묘	무	뮤	므	미
	마	먀	머	며	모	묘	무	뮤	므	미
ㅂ	바	뱌	버	벼	보	뵤	부	뷰	브	비
	바	뱌	버	벼	보	뵤	부	뷰	브	비
ㅅ	사	샤	서	셔	소	쇼	수	슈	스	시
	사	샤	서	셔	소	쇼	수	슈	스	시
	사	샤	서	셔	소	쇼	수	슈	스	시

*글자를 정확하게 한 자 한 자 읽어 보게도 하세요.

자음자와 모음자를 합해 글자를 만들고, 바르게 써 보세요.

모음자 자음자	ㅏ	ㅑ	ㅓ	ㅕ	ㅗ	ㅛ	ㅜ	ㅠ	ㅡ	ㅣ
ㅇ	아	야	어	여	오	요	우	유	으	이
🍓	아	야	어	여	오	요	우	유	으	이
🍐	아	야	어	여	오	요	우	유	으	이
🍇										
🍑										
ㅈ	자	쟈	저	져	조	죠	주	쥬	즈	지
🍎	자	쟈	저	져	조	죠	주	쥬	즈	지
🍊	자	쟈	저	져	조	죠	주	쥬	즈	지
🍌										
ㅊ	차	챠	처	쳐	초	쵸	추	츄	츠	치
🍒	차	챠	처	쳐	초	쵸	추	츄	츠	치
🍈	차	챠	처	쳐	초	쵸	추	츄	츠	치
🍅										

*글자의 구성 원리를 깨달을 수 있도록 한 자 한 자 잘 살펴보게 하세요.

자음자와 모음자를 합해 글자를 만들고, 바르게 써 보세요.

모음자 / 자음자	ㅏ	ㅑ	ㅓ	ㅕ	ㅗ	ㅛ	ㅜ	ㅠ	ㅡ	ㅣ
ㅋ	카	캬	커	켜	코	쿄	쿠	큐	크	키
	카	캬	커	켜	코	쿄	쿠	큐	크	키
ㅌ	타	탸	터	텨	토	툐	투	튜	트	티
	타	탸	터	텨	토	툐	투	튜	트	티
ㅍ	파	퍄	퍼	펴	포	표	푸	퓨	프	피
	파	퍄	퍼	펴	포	표	푸	퓨	프	피
ㅎ	하	햐	허	혀	호	효	후	휴	흐	히
	하	햐	허	혀	호	효	후	휴	흐	히
	하	햐	허	혀	호	효	후	휴	흐	히

* 글자를 정확하게 한 자 한 자 읽어 보게도 하세요.

낱말을 바르게 쓰고, 각 글자를 6~9쪽에서 찾아보세요.

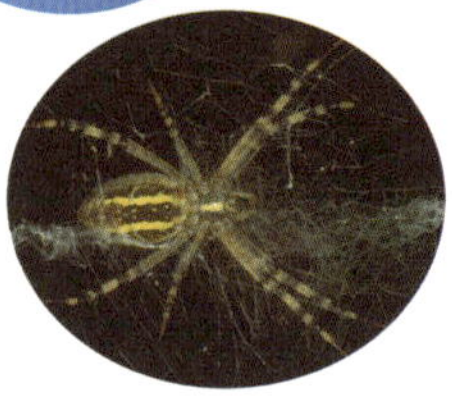

거미	구두	고구마	너구리

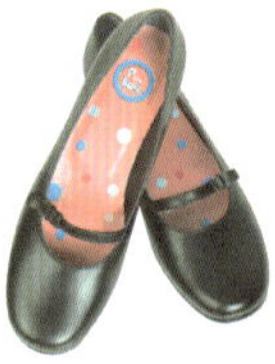

노루	다리미	도마	두더지

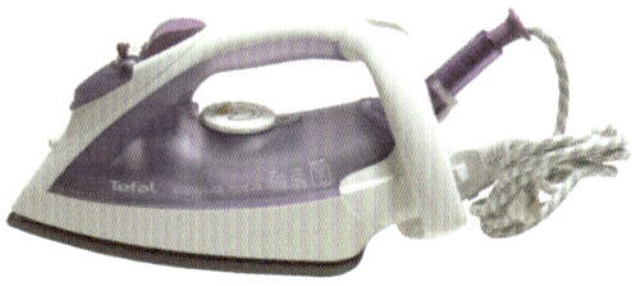

라디오	바가지	버스	사자

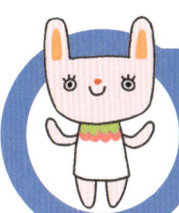

낱말을 바르게 쓰고, 각 글자를 6~9쪽에서 찾아보세요.

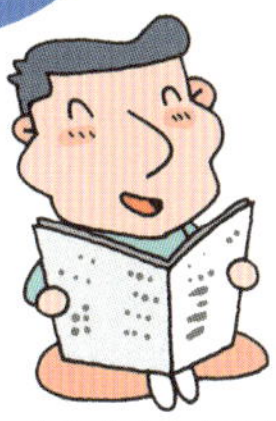

아버지

아버지

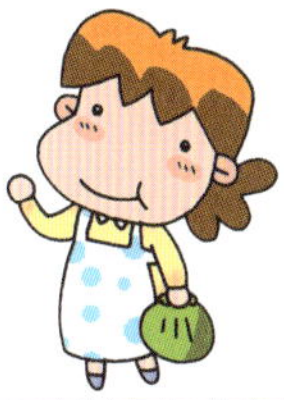

어머니

어머니

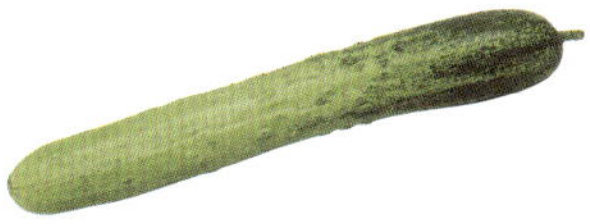

오이

오이

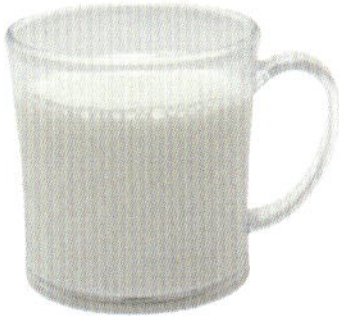

우유

우유

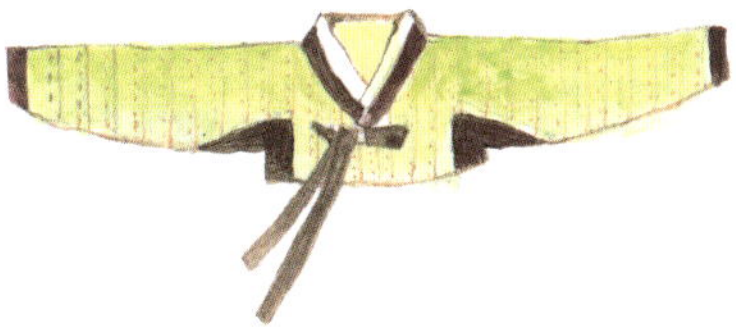

저고리

저고리

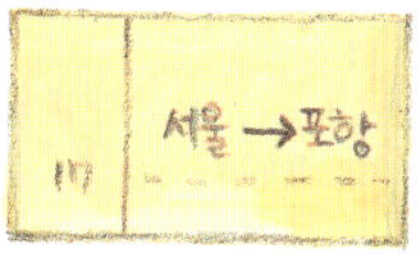

차표

차표

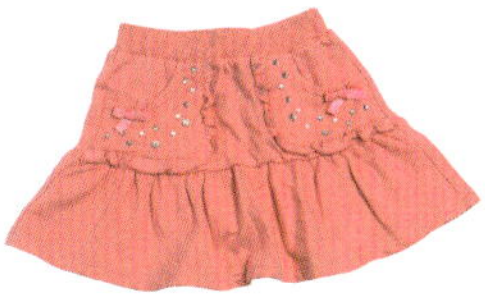

치마

치마

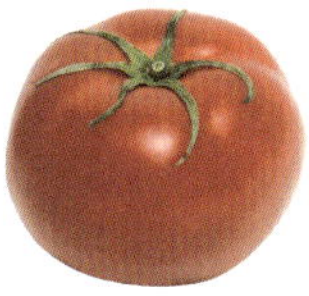

토마토

토마토

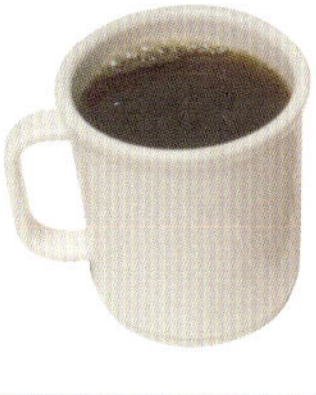

커피

커피

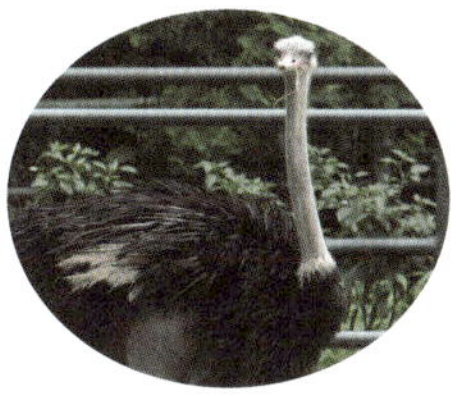

타조

타조

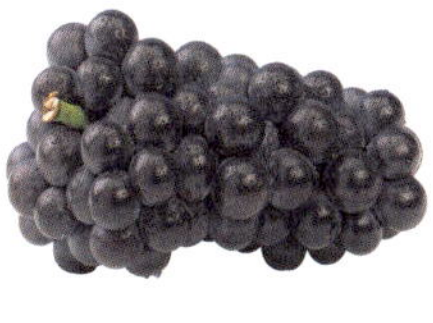

포도

포도

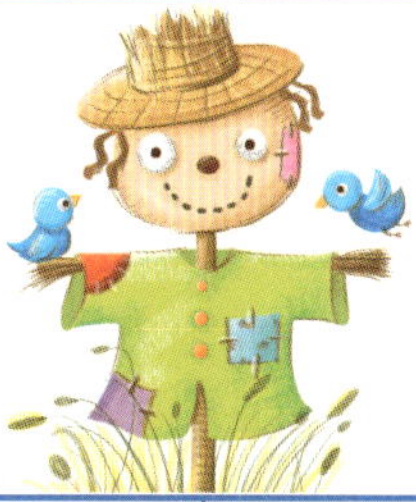

허수아비

허수아비

*여기 실린 낱말 이외에도 받침 없는 글자로만 이루어진 낱말들이 많습니다.
어린이와 함께 그런 낱말을 찾아보세요.

< 모양의 글자를 잘 살펴보고, 바르게 써 보세요.

가나다라머버서

야쟈쳐켜티피히

*각 글자를 쓰면서 어떤 자음자와 모음자를 합했는지 말해 보게 하세요.

글자의 모양을 생각하며 낱말을 바르게 써 보세요.

바구니   티셔츠   히아신스

가구   나리   나방   다그치다

마루   피하다   피구   켜다

* < 모양의 글자를 책, 신문, 잡지 등에서 찾아보게 하세요.

∧ 모양의 글자를 잘 살펴보고, 바르게 써 보세요.

고 노 도 로 모 보 소

고 노 도 로 모 보 소

고 노 도 로 모 보 소

으 즈 츠 크 트 프 호

으 즈 츠 크 트 프 호

으 즈 츠 크 트 프 호

*각 글자를 쓰면서 어떤 자음자와 모음자를 합했는지 말해 보게 하세요.

글자의 모양을 생각하며 낱말을 바르게 써 보세요.

고맙다　노랗다　도라지　소

모자　보자기　소나무　오리

코크다　트이다　흐느끼다

* ∧ 모양의 글자를 책, 신문, 잡지 등에서 찾아보게 하세요.

◇ 모양의 글자를 잘 살펴보고, 바르게 써 보세요.

| 구 | 누 | 두 | 루 | 무 | 부 | 수 |

| 유 | 쥬 | 츄 | 큐 | 튜 | 퓨 | 휴 |

*각 글자를 쓰면서 어떤 자음자와 모음자를 합했는지 말해 보게 하세요.

글자의 모양을 생각하며 낱말을 바르게 써 보세요.

| 구부리다 | 누더기 | 우주선 |

| 두근거리다 | 무겁다 | 튜브 |

| 수수께끼 | 유감 | 휴식 | 퓨마 |

* ◇ 모양의 글자를 책, 신문, 잡지 등에서 찾아보게 하세요.

받침 없는 글자에 자음자를 합해 글자를 만들고, 써 보세요.

자음자\글자	ㄱ	ㄴ	ㄷ	ㄹ	ㅁ	ㅂ	ㅅ	ㅇ
가	각	간	갇	갈	감	갑	갓	강
	각	간	갇	갈	감	갑	갓	강
	각	간	갇	갈	감	갑	갓	강
나	낙	난	낟	날	남	납	낫	낭
	낙	난	낟	날	남	납	낫	낭
	낙	난	낟	날	남	납	낫	낭
다	닥	단	닫	달	담	답	닷	당
	닥	단	닫	달	담	답	닷	당

＊글자의 구성 원리를 깨우칠 수 있도록 한 자 한 자 잘 살펴보게 하세요.

 낱말을 바르게 쓰고, 첫 글자를 서로 비교해 보세요.

| 단풍잎 | 달걀 | 달맞이 | 당근 |

| 각시 | 간장 | 갈매기 | 감자 | 강 |

| 낙서 | 낙지 | 낙하산 | 난 | 날개 |

*이 밖에 또 어떤 낱말들이 있는지 어린이와 함께 찾아보세요.
단추, 담배, 당구장, 감, 갑옷, 강물, 날개, 남대문……

받침 없는 글자에 자음자를 합해 글자를 만들고, 써 보세요.

자음자 글자	ㄱ	ㄴ	ㄹ	ㅁ	ㅂ	ㅅ	ㅇ	ㅌ
소	속	손	솔	솜	솝	솟	송	솥
	속	손	솔	솜	솝	솟	송	솥
	속	손	솔	솜	솝	솟	송	솥
오	옥	온	올	옴	옵	옷	옹	
	옥	온	올	옴	옵	옷	옹	
	옥	온	올	옴	옵	옷	옹	
조	족	존	졸	좀	좁	좃	종	
	족	존	졸	좀	좁	좃	종	

*글자의 구성 원리를 깨우칠 수 있도록 한 자 한 자 잘 살펴보게 하세요.

낱말을 바르게 쓰고, 첫 글자를 서로 비교해 보세요.

| 속도 | 손녀 | 솔잎 | 솜사탕 | 솥 |

| 옥수수 | 온도계 | 올챙이 | 옷 |

| 족발 | 존경 | 졸음 | 촉감 | 촌장 |

*이 밖에 또 어떤 낱말들이 있는지 어린이와 함께 찾아보세요.
손님, 손자, 송진, 올빼미, 옹기, 좁쌀, 종, 좋아하다, 총…….

다음 동시를 실감 나게 읽고 바르게 써 보세요.

신발 물어 던진 강

아지 녀석 혼내 주려

다 그만뒀다.

살래살래 흔드는 고

꼬리 땜에······.

*흉내말 '살래살래'와 '쫑긋쫑긋'을 넣어 짧은 문장을 지어 보게 하세요.

다음 동시를 실감 나게 읽고 바르게 써 보세요.

우유병 넘어뜨린 고양이 녀석 꿀밤을 먹이려다 그만뒀다.

쫑긋쫑긋 세우는 고귀 땜에…….

*우유병은 우유와 병, 꿀밤은 꿀과 밤이 합해진 낱말입니다.
이렇게 낱말과 낱말이 합해진 낱말을 더 찾아보게 하세요.

세계 여러 나라의 이름을 쓰고, 국기를 잘 살펴보세요.

  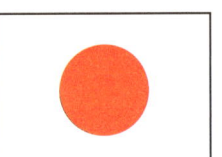 

Korea [kərí:ə] 커리이어　　China [tʃáinə] 차이너　　Japan [dʒəpǽn] 저팬　　India [índiə] 인디어

대한민국　　중국　　일본　　인도

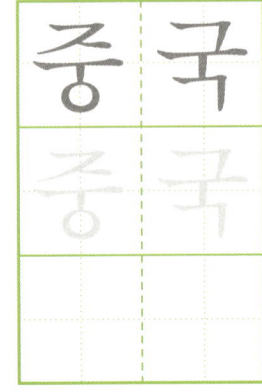 

Saudi Arabia [sáudi əréibiə] 사우디 어레이비어　　Philippines [fíləpì:nz] 필러피인즈

사우디아라비아　　필리핀

Vietnam [vì:etná:m] 비이에트나암　　Turkey [tə́:rki] 터어키　　Greece [grí:s] 그리이스　　England [íŋɡlənd] 잉글런드

베트남　　터키　　그리스　　영국

 세계 여러 나라의 이름을 쓰고, 국기를 잘 살펴보세요.

Italy [ítəli] 이털리

France [fræns] 프랜스

España [espáːnjə] 에스파아녀

이탈리아
프랑스
에스파냐

Germany [dʒə́ːrməni] 저어머니

Russia [rʌ́ʃə] 러셔

America [əmérikə] 어메리커

Canada [kǽnədə] 캐너더

독일
러시아
미국
캐나다

Netherlands [néðərləndz] 네덜런즈

Brazil [brəzíl] 브러질

Mexico [méksəkòu] 멕서코우

네덜란드
브라질
멕시코

* 미국의 정식 이름은 United States of America, 영국의 정식 이름은 United Kingdom입니다.
에스파냐는 스페인(Spain)이라고도 합니다.

⟨ㅑ⟩와 ⟨ㅕ⟩ 소리를 비교하며 다음 낱말을 써 보세요.

| 야구 | 야식 | 야외 | 샤워 |

| 여우 | 여름 | 여자 | 겨울 |

*야구장, 야자나무, 겨자, 벼, 벼락, 벼루, 셔츠, 여왕, 여행, 혀 등도 이중 모음자 ⟨ㅑ⟩ 또는 ⟨ㅕ⟩가 쓰인 낱말들입니다.

〈ㅛ〉와 〈ㅠ〉 소리를 비교하며 다음 낱말을 써 보세요.

| 교회 | 요리 | 효도 | 교과서 |

| 유리 | 유도 | 유치원 | 뉴스 |

*교실, 교육, 교장, 요양원, 요요, 요트, 표범, 뉴질랜드, 슈퍼마켓, 슈퍼맨, 유모차, 유산 등도 이중 모음자 〈ㅛ〉 또는 〈ㅠ〉가 쓰인 낱말들입니다.

〈ㅘ〉와 〈ㅝ〉 소리를 비교하며 다음 낱말을 써 보세요.

| 과자 | 과일 | 화산 | 화살 |

| 권투 | 권총 | 원두막 | 원님 |

*과수원, 과학, 와이셔츠, 화살, 화석, 화요일, 원피스 등도 모음자 〈ㅘ〉 또는 〈ㅝ〉가 쓰인 낱말들입니다.

〈ㅢ〉 소리가 들어 있는 다음 낱말을 바르게 써 보세요.

| 의사 | 의자 | 의견 | 의리 |

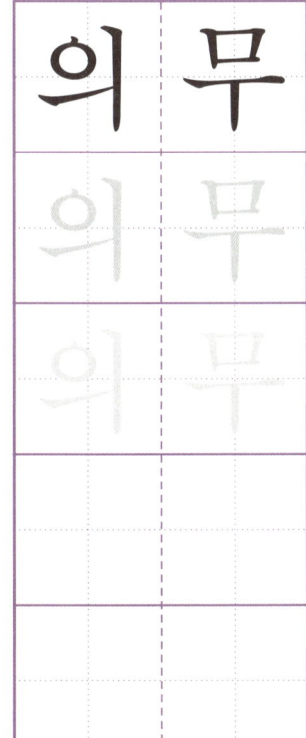

| 의무 | 의복 | 의심 | 희망 |

 〈ㅔ〉와 〈ㅖ〉 소리를 비교하며 다음 낱말을 써 보세요.

  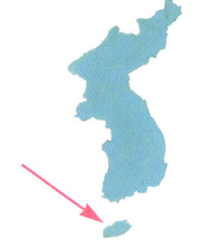 

| 세모 | 네모 | 제주도 | 게 |
| 예절 | 계절 | 예술 | 혜성 |

*게으름, 게임, 네덜란드, 메기, 메뚜기, 메모, 메밀, 메아리, 계단, 예방, 예쁘다, 예의 등도 모음자 〈ㅔ〉 또는 〈ㅖ〉가 쓰인 낱말들입니다.

 〈ㅙ〉와 〈ㅞ〉 소리를 비교하며 다음 낱말을 써 보세요.

 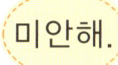  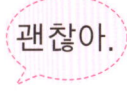  

| 돼지 | 괜찮다 | 횃불 | 왜 |

| 궤짝 | 꿰매다 | 훼방 | 웬일 |

＊팽이, 왜가리, 웨딩드레스, 웨이터 등도
모음자 〈ㅙ〉 또는 〈ㅞ〉가 쓰인 낱말들입니다.

다음을 쓰고, 일기의 제목과 내용에 대해 알아보세요.

점심때 아버지께서

볶음밥을 해 주셨다.

빨간 당근, 푸른 완두

콩, 노란 달걀이 들어

가서 참 예뻤다.

* '볶음밥'의 받침을 주의해서 살펴보고 정확히 익히게 하세요.

 다음을 바르게 쓰며 날씨를 나타내는 말에 대해 알아보세요.

맑고	해가	쨍쨍

맑음

구름이	많고	시원함

바람이	불고	서늘함

흐리고	빗방울이	떨어짐	흐림

*그날의 날씨를 간단명료하면서도 재미있게 표현할 수 있도록 이끌어 주세요.

자음자 ㄲ, ㄸ, ㅃ의 모양을 잘 살펴보고 바르게 써 보세요.

| 까치 | 깍두기 | 깔개 | 깡통 |

| 따갑다 | 따귀 | 딸기 | 땀 | 땅 |

| 빠뜨리다 | 빨랫줄 | 빨대 | 빵 |

*까마귀, 깔때기, 깜부기, 깡충깡충, 딸, 빨래, 빵집, 뺨 등 자음자 〈ㄲ〉〈ㄸ〉〈ㅃ〉이 첫 소리로 쓰인 낱말을 더 찾아보세요.

자음자 ㅆ, ㅉ의 모양을 잘 살펴보고 바르게 써 보세요.

쌀의 부스러기가 **싸라기**야.

| **싸**라기 | **싸**움 | **싹**트다 | **쌀** |

| **쌈** | **쌍**둥이 | **쌍**안경 | **쌍**꺼풀 |

| **짜**내다 | **짜**임 | **짠**물 | **짬** | **짬**뽕 |

*싸다, 쌈지, 쏘가리, 씨앗, 짝꿍, 짱뚱어, 찜 등
자음자 〈ㅆ〉〈ㅉ〉이 첫소리로 쓰인 낱말을 더 찾아보세요.

받침을 잘 살펴보며 낱말을 바르게 써 보세요.

 또박또박 큰 소리로 읽어 봐!

 앉, 많, 찮, 닭, 얽, 읽, 흙… 어렵다, 어려워.

| 앉히다 | 많다 | 귀찮다 | 까닭 |

| 얽히다 | 읽다 | 흙 | 굶주리다 |

| 삶 | 닮다 | 옮기다 | 밟다 | 얇다 |

받침을 잘 살펴보며 낱말을 바르게 써 보세요.

한 자 한 자 바르게 써 봐!

알았어. 핥, 끓, 싫, 잃, 옳, 뚫, 값…

| 핥다 | 끓다 | 싫어하다 | 잃다 |

| 옳다 | 뚫리다 | 값지다 | 없다 |

| 없애다 | 가엾다 | 틀림없다 |

＊이중 자음자가 받침으로 쓰인 말은 어린이가 어려워합니다.
차근차근 즐겁게 익힐 수 있도록 충분한 시간을 갖고 익히게 하세요.

ㄱ, ㅋ의 모양을 비교하여 보고, 낱말을 바르게 쓰세요.

| 고래 | 코끼리 | | 기린 | 키위 |

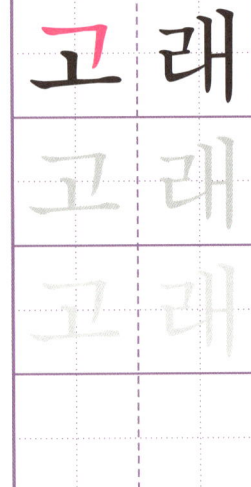 

| 가방 | 카드 | | 가게 | 카메라 |

| 거미줄 | 커피 | 게임 | 케이크 |

 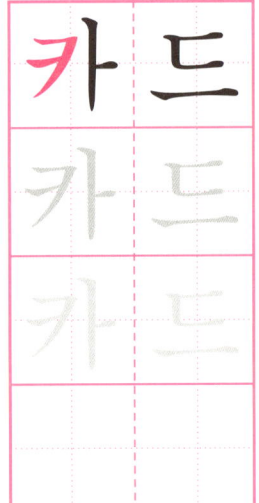

ㄴ, ㄷ, ㅌ의 모양을 비교하여 보고, 낱말을 바르게 쓰세요.

| 나비 | 다리미 | 타조 | 나팔꽃 |

| 나그네 | | 다람쥐 | 타악기 |

| 노리개 | 도깨비 | 토라지다 |

*소리가 어떻게 다른지 정확하게 발음해 보게 하세요.

ㅁ, ㅂ, ㅍ의 모양을 비교하여 보고, 낱말을 바르게 쓰세요.

| 마늘 | 바느질 | 파라솔 | 파리 |

| 마개 | 마루 | 바다 | 바위 | 파도 |

| 모기장 | 보금자리 | 포졸 |

*소리가 어떻게 다른지 정확하게 발음해 보게 하세요.

비슷한 모양이지만 뜻이 서로 다른 낱말을 쓰면서 익히세요.

작다	적다	건너다	건네다

잊다	잃다	붙이다	부치다

*작다_(부피·길이·넓이 등이) 얼마 안 되다. 적다_(수나 양이) 얼마 안 되다.
잊다_기억에서 사라져 생각하지 못하다. 잃다_(가졌던 물건을) 가지지 못하게 되다.

다음을 쓰면서 우리나라 사람들의 인사 방법을 알아보세요.

우리나라는 동방예의지국이야. '예의 바른 나라'란 말이지.

우리나라 사람들은 허리를 굽혀 인사합니다. 상대방과 조금 떨어져서 바른 자세로 인사합니다. 서로 인사말도 주고받습니다.

*다른 나라 사람들의 인사 방법에 대해서도 〈읽기〉 교과서를 참고하여 살펴보세요.

동물들을 칭찬하는 글을 바르게 쓰고, 읽어 보세요.

베짱이가 개미들을 거들어 주었습니다.

코끼리는 코로 불을 꺼 주었습니다.

악어는 쓰레기를 주웠습니다.

*동물을 주인공으로 한 재미있는 문장을 만들어 보게 하세요.

우리 몸과 관계있는 낱말을 바르게 쓰며 익히세요.

   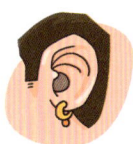  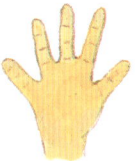 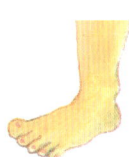 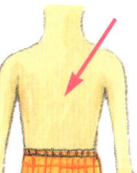 

| 눈 | 코 | 입 | 귀 | 목 | 손 | 발 | 등 | 배 |

| 눈썹 | 이마 | 어깨 | 무릎 | 허리 |

| 팔 | 다리 | 배꼽 | 가슴 | 엉덩이 |

*우리 몸의 다른 부위의 이름도 말해 보게 하세요.

코, 눈, 손, 발이 하는 일을 나타낸 문장을 바르게 써 보세요.

냄새를 맡습니다.

하늘을 바라봅니다.

연필을 잡습니다.

반듯하게 섭니다.

＊귀, 입 등 다른 부위의 역할에 대해서도 이야기를 나누어 보세요.

다음 문장을 바르게 쓰고, 행동을 흉내 내어 보세요.

혀를 날름거리다.

어깨를 두드리다.

무릎을 세우다.

허리를 굽히다.

혜주가 쓴 일기에 나오는 다음 문장을 바르게 써 보세요.

날이 어둑어둑해지니

바둑이를 못 찾을까

봐 마음이 자꾸만 조

마조마하였다.

"바둑아, 바둑아!"

*혜주에게 어떤 일이 일어났는지 이야기해 보게 하세요.

다음을 바르게 쓰고, 꾸미는 말을 찾아 보세요.

맛있는 국밥	빨간 해
납작한 돌	커다란 무
깜깜한 창밖	고운 털

* '맛있는, 빨간, 납작한, 커다란, 깜깜한, 고운'은 뒤에 오는 말을 꾸며 줍니다. 위와 같이 꾸미는 말을 넣어 주위의 사물에 대해 말해 보게 하세요.

여러 가지 악기를 잘 살펴보고, 이름을 바르게 써 보세요.

| 클 | 라 | 리 | 넷 | 피 | 아 | 노 | 실 | 로 | 폰 |

| 캐 | 스 | 터 | 네 | 츠 | 탬 | 버 | 린 | 기 | 타 |

| 바 | 이 | 올 | 린 | 트 | 라 | 이 | 앵 | 글 | 북 |

*그 밖의 다른 악기에 대해서도 알아보세요.

말하는 사람도, 듣는 사람도 기분 좋은 말을 써 보세요.

기뻐요.

고마워요.

상을 타서 기뻐요.

도와줘서 고마워요.

즐거워요.

잘했어요.

물놀이는 즐거워요.

덧셈을 잘했어요.

재미있어요.

좋아요.

옛날이야기는 재미있어요.

아이스크림이 좋아요.

말하는 사람도, 듣는 사람도 기분 좋은 말을 써 보세요.

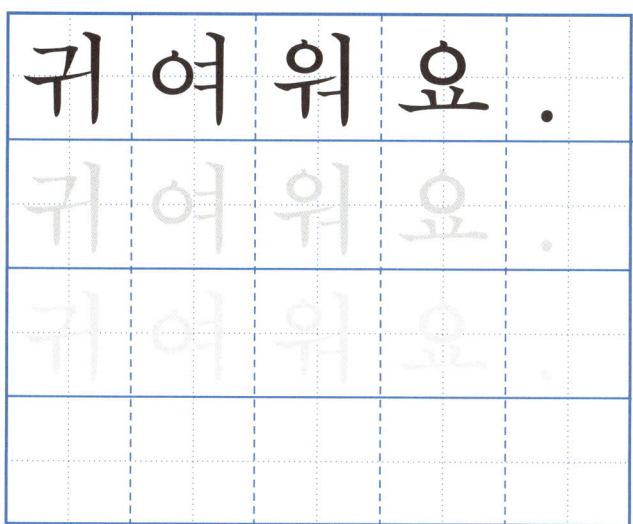

강아지가 귀여워요.

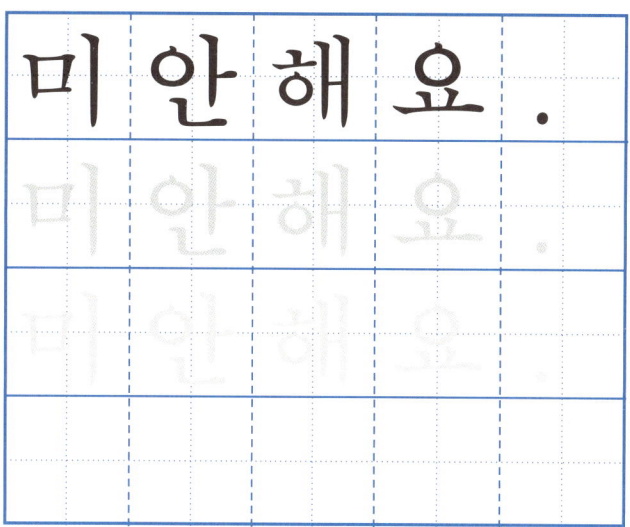

발을 밟아서 미안해요.

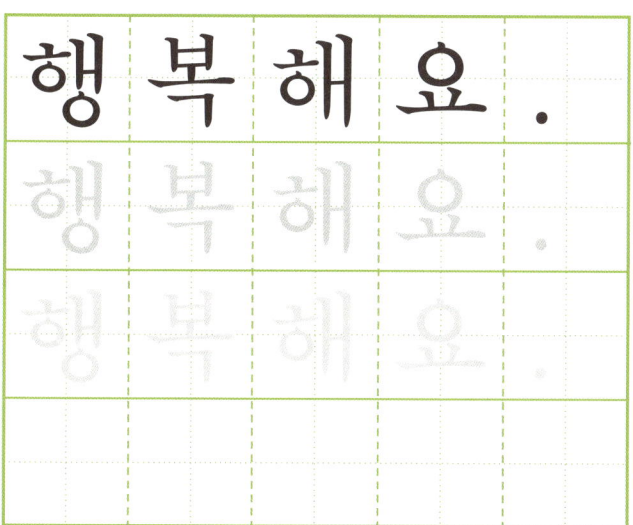

온 가족이 건강해서 행복해요.

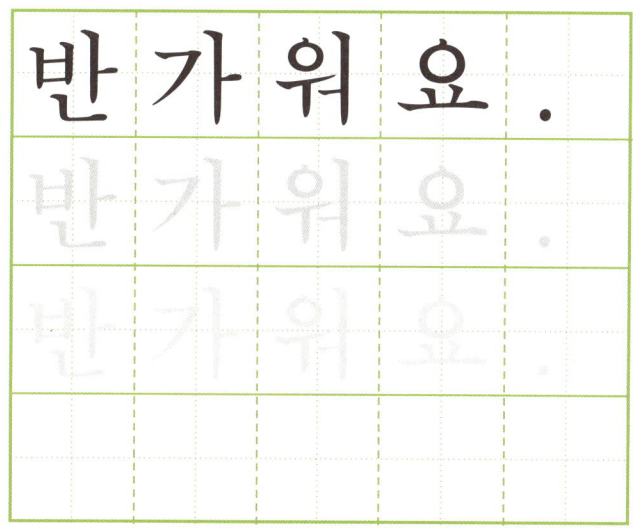

만나서 반가워요.

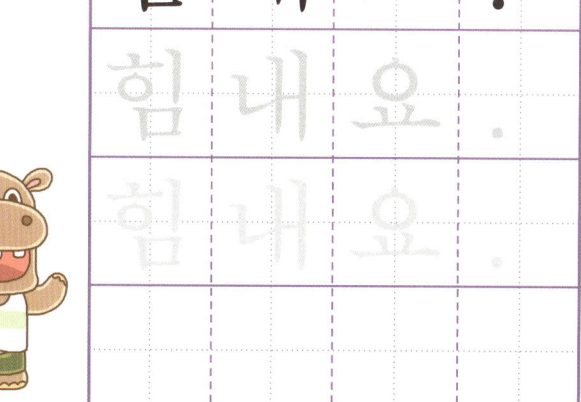

동생을 사랑해요.

조금만 더 힘내요.

＊말하는 사람도, 듣는 사람도 기분 좋은 말을 자주
사용할 수 있도록 이끌어 주세요.

낱말을 바르게 쓰고, 알맞은 그림에 선으로 이어 보세요.

| 빨강 | 초록 | 하양 | 검정 | 분홍 |

| 노랑 | 보라 | 파랑 | 주황 | 갈색 |

*주위 사물의 색깔을 말해 보게 하면 더욱 흥미로운 학습이 됩니다.

강아지를 소개하는 글을 바르게 쓰고, 큰 소리로 읽어 보세요.

제가 기르는 강아지는 이름이 꼬부리입니다. 털이 꼬부라지고 곱슬곱슬해서 꼬부리라고 이름을 지었습니다.

*동물이나 주위 사람들에게 재미있는 별명을 지어 주는 것도 재미있겠지요.

낱말을 예쁘게 쓰고, 정확하게 소리 내어 읽어 보세요.

| 국어 | 놀이 | 높이 | 웃음 | 음악 |

★구거　★노리　★노피　★우슴　★으막

| 글쓴이 | 달맞이 | 할아버지 |

★글쓰니　★달마지　★하라버지

| 어린이 | 목요일 | 꽃을 | 낮에 |

★어리니　★모교일　★꼬츨　★나제

낱말을 예쁘게 쓰고, 정확하게 소리 내어 읽어 보세요.

| 솥을 | 숯은 | 옆에 | 부엌에서 |

★소틀 ★수츤 ★여페 ★부어케서

| 구름이 | 앞에는 | 받아쓰다 |

★구르미 ★아페는 ★바다쓰다

| 까닭에 | 줄이다 | 찾아보다 |

★까달게 ★주리다 ★차자보다

*소리 나는 대로 쓰기 쉽습니다. 소리 나는 대로 쓰지 않게 주의하도록 이끌어 주세요.

 사진에 어울리는 문장을 선으로 잇고, 바르게 써 보세요.

장갑을 끼다.

바지를 입다.

가방을 메다.

양말을 신다.

문장을 바르게 쓰고,
누가 무엇을 하는지 이야기해 보세요.

얼룩말이 풀을 뜯습니다.

코끼리가 과자를 먹습니다.

곰이 책을 읽습니다.

다람쥐가 모자를 씁니다.

낱말과 낱말을 모아 만든 낱말을 바르게 쓰면서 익히세요.

| 낮 잠 | 손 수 건 | 책 가 방 | 양 파 |

| 양 말 | 우 유 병 | 시 계 탑 | 김 밥 |

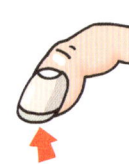

| 그 림 자 | 책 상 | 손 톱 | 꽃 병 |

낱말과 낱말을 모아 만든 낱말을 바르게 쓰면서 익히세요.

된장찌개 눈사람 제비꽃

 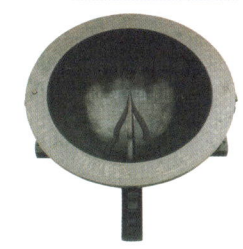 

할미꽃 해시계 사과나무

공책 털실 소나무 허리춤

* 또 어떤 낱말이 있는지 어린이와 함께 찾아보세요. 칼국수, 콩국수, 고추잠자리, 나무젓가락, 나팔꽃, 은행나무, 감나무, 곰인형, 밤하늘, 그림책……

다음 문장을 바르게 쓰고, 어떤 장면인지 이야기해 보세요.

앞집 방귀쟁이가 '뽕'
하고 방귀를 뀌자, 뒷
집 사과나무가 흔들흔
들하더니 사과가 비처
럼 떨어졌습니다.

직업과 관계있는 낱말을 쓰고, 각 직업에 대해 말해 보세요.

| 피아니스트 | 요리사 | 농부 |

| 간호사 | 과학자 | 군인 | 의사 |

| 선생님 | 어부 | 화가 | 가수 |

*나의 꿈에 대해 자유롭게 대화를 나누어 보세요.

다음을 쓰고, 새앙쥐들과
황소 아저씨에 대해 말해 보세요.

이튿날, 새앙쥐 남매
들은 추녀 밑 고드름
을 녹여 눈곱도 닦고
콧구멍도 씻고, 수염도
씻었어요.

황소 아저씨는 눈이
오목오목 커졌어요.

* '눈곱'을 '눈꼽'으로 쓰지 않도록 주의합니다.

다음을 바르게 쓰고,
따옴표에 대해 알아보세요.

'왜 감을 남겨 놓으라고 하시는 거지?'
나는 궁금하여 할머니께 여쭈어 보았습니다.
"할머니, 감을 다 따면 안 되나요?"

* ' '(작은따옴표)는 마음속으로 한 말, 강조하는 말 등에 쓰며, 혼자서 생각하듯이 조금 작게 읽습니다.
" "(큰따옴표)는 마주 대하여 이야기할 때 쓰며, 말하듯이 실감 나게 읽습니다.

다음 동시를 실감 나게 읽고, 바르게 써 보세요.

펄펄 눈이 온다고?

노래를 불러 볼까?

펄펄 눈이 옵니다

바람 타고 눈이 옵니다

하늘나라 선녀님들이

송이송이 하얀 솜을

자꾸자꾸 뿌려 줍니다

*마지막의 '자꾸자꾸 뿌려 줍니다'는 두 번 반복됩니다.